RESPIRA
SÃO PAULO

SUMÁRIO
— SUMMARY —

PRESENTATION
APRESENTAÇÃO
— página 9 —

PARQUE
BURLE MARX
— página 43 —

PARQUE
ALFREDO VOLPI
— página 59 —

PARQUE
HORTO FLORESTAL
— página 107 —

PARQUE
ÁGUA-BRANCA
— página 125 —

PARQUE
TRIANON
— *página 11* —

PARQUE
VILLA-LOBOS
— *página 27* —

PARQUE
DO CARMO
— *página 75* —

PARQUE
AUGUSTA
— *página 93* —

PARQUE
JARDIM BOTÂNICO
— *página 141* —

PARQUE
IBIRAPUERA
— *página 159* —

APRESENTAÇÃO
— *PRESENTATION* —

São Paulo, uma das maiores metrópoles do mundo, é frequentemente associada ao seu ritmo frenético e aos arranha-céus que se erguem por todos os lados. No entanto, por trás desses prédios de concreto e aço, esconde-se um lado surpreendente da cidade: parques urbanos e áreas verdes que proporcionam à população e aos turistas momentos de pausa e conexão com o meio ambiente.

Os parques urbanos e áreas verdes desempenham um papel fundamental na sustentabilidade das cidades e na vida das pessoas que vivem em grandes centros. A série de benefícios inclui melhoria da qualidade do ar, equilíbrio climático, preservação da biodiversidade, senso de comunidade, conscientização ambiental e bem-estar da população: sabe-se que estar em contato com a natureza, além de ser um incentivo à prática de exercícios, é uma maneira efetiva de diminuir o estresse e de cuidar da saúde mental.

Convidamos você, leitor, a explorar o lado verde da maior cidade do Brasil a partir de fotos e textos sobre dez lindos parques paulistanos que merecem ser valorizados e celebrados. Aproveite a jornada!

São Paulo, one of the largest metropolises in the world, is often associated with its frenetic pace and skyscrapers rising everywhere. However, behind these concrete and steel buildings, a surprising side of the city is hidden: urban parks and green areas that provide the population and tourists with moments of pause and connection with the environment.

Urban parks and green areas play a fundamental role in the sustainability of cities and in the lives of people who live in large urban centers. The series of benefits includes improved air quality, climate balance, preservation of biodiversity, sense of community, environmental awareness and well-being of the population: it is known that being in contact with nature, in addition to being an incentive to practice exercises is an effective way to reduce stress and take care of your mental health.

We invite you, reader, to explore the green side of Brazil's largest city from photos and texts about ten beautiful parks in São Paulo that deserve to be valued and celebrated. Enjoy the journey!

PARQUE

TRIANON

TRIANON PARK

ANO DE FUNDAÇÃO / *YEAR OF FOUNDATION* 1892
ÁREA / *AREA* 48.600 M²
ENDEREÇO / *ADDRESS* RUA PEIXOTO GOMIDE, 949
CERQUEIRA CÉSAR

EM MEIO AOS arranha-céus e o vai e vem de carros na região da Avenida Paulista existe um refúgio natural centenário chamado popularmente de Parque Trianon. O nome Trianon faz referência a um clube que funcionou até meados da década de 1950 no espaço vizinho ao parque, que hoje é ocupado pelo Museu de Arte de São Paulo (Masp). O que muita gente não sabe é que seu nome oficial, na verdade, é Parque Tenente Siqueira Campos.

Inaugurado um ano após a abertura da Avenida Paulista, o Trianon tem projeto paisagístico assinado pelo francês Paul Villon em colaboração com o inglês Barry Parker e abriga uma coleção notável de árvores nativas e exóticas. Entre as que mais chamam a atenção do público frequentador estão as figueiras, as palmeiras e as árvores frutíferas, que proporcionam sombra e abrigo a inúmeros tipos de pássaros.

IN THE MIDDLE OF the skyscrapers and the coming and going of cars in the region of Paulista Avenue there is a centennial natural refuge popularly called Trianon Park. The name Trianon refers to a club that operated until the mid-1950s in the space next to the park, which is now occupied by the São Paulo Museum of Art (MASP). What many people don't know is that its official name, in fact, is Parque Tenente Siqueira Campos.

Opened a year after the opening of Paulista Avenue, the Trianon has a landscape design signed by Frenchman Paul Villon in collaboration with Englishman Barry Parker and houses a remarkable collection of native and exotic trees. Among those that most attract the attention of the frequenting public are fig trees, palm trees and fruit trees, which provide shade and shelter to countless species of birds.

Estima-se que mais de 30 espécies de aves habitam o Parque Trianon, entre as quais destacam-se o gavião-carijó, o anu-preto, o beija-flor-de-peito-azul, o pica-pau-do-campo, o tico-tico, a corujinha-do-mato, a coruja-orelhuda e o sabiá. No alta da mata, também é possível observar saguis.

A arte também tem protagonismo no parque. Há muitas obras de arte a céu aberto que podem ser admiradas pelos visitantes, como Fauno, do ítalo-brasileiro Victor Brecheret. A peça em granito, esculpida em 1942, possui quase três metros e meio de altura e foi criada pelo artista para retratar uma figura mitológica metade homem, metade cabra. Outra obra que merece menção é a Aretusa, esculpida em mármore pelo artista Francisco Leopoldo e Silva para homenagear uma deusa grega.

It is estimated that more than 30 species of birds inhabit the Trianon Park, among which stand out the roadside hawk, the smooth-billed ani, the sapphire-spangled emerald, the campo flicker, the rufous-collared sparrow, the tropical screech owl, the striped owl and the true thrush. At the top of the forest, it is also possible to observe marmosets.

Art also plays a leading role in the park. There are many works of art in the open air that can be admired by visitors, such as Fauno, by the Italian-Brazilian Victor Brecheret. The piece in granite, carved in 1942, is almost three and a half meters high and was created by the artist to portray a mythological figure that is half man, half goat. Another work worth mentioning is the Aretusa, sculpted in marble by the artist Francisco Leopoldo e Silva to honor a Greek goddess.

PARQUE

VILLA-LOBOS

VILLA-LOBOS PARK

ANO DE FUNDAÇÃO / *YEAR OF FOUNDATION* **1989**
ÁREA / *AREA* **732.000 M²**
ENDEREÇO / *ADDRESS* **AV. PROF. FONSECA RODRIGUES, 2001**
ALTO DE PINHEIROS

ÀS MARGENS da Marginal Pinheiros, entre as pontes Cidade Universitária e Jaguaré, esconde-se um refúgio de tranquilidade que costuma atrair paulistanos e turistas que, nem que seja por alguns minutos, desejam escapar da correria do dia a dia, conectar-se com a natureza, praticar um esporte ou respirar um pouco de cultura.

Estamos falando do Parque Villa-Lobos, uma área verde localizada na Zona Oeste de São Paulo que se destaca por oferecer à população possibilidades de lazer gratuitas como pista de caminhada, ciclovia, quadras de tênis, tabelas de basquetebol, campos de futebol, pista de patins, bosque com espécies da Mata Atlântica, playground, quiosques e anfiteatro aberto, além de uma linda biblioteca que se define como um lugar de fruição da cultura por promover inúmeras atividades. Diariamente, cerca de cinco mil pessoas desfrutam do Parque Villa-Lobos – nos fins de semana, esse número costuma subir para vinte mil.

ON THE BANKS of Marginal Pinheiros, between the Cidade Universitária and Jaguaré bridges, there is a refuge of tranquility that usually attracts people from São Paulo and tourists who, even for a few minutes, want to escape the rush of everyday life, connect with nature, practice a sport or breathe a little culture.

We are talking about Villa-Lobos Park, a green area located in the West Zone of São Paulo that stands out for offering the population free leisure possibilities such as a walking track, bike path, tennis courts, basketball hoops, football fields, roller rink, forest with species of the Atlantic Forest, playground, kiosks and open amphitheater, in addition to a beautiful library that defines itself as a place of enjoyment of culture for promoting numerous activities. Every day, about five thousand people enjoy Villa-Lobos Park – on weekends, this number usually rises to twenty thousand.

RESPIRA SÃO PAULO

Mas nem sempre foi assim! Antes de ser transformado em parque, esse pedacinho de São Paulo era bem diferente. Na sua porção oeste, havia um depósito de lixo da Ceagesp. Na parte leste, materiais dragados do Rio Pinheiros eram despejados, enquanto a porção central servia como depósito de entulho da construção civil.

Uma curiosidade é que o Parque Villa-Lobos é totalmente interligado ao Parque Cândido Portinari. Não há muros entre os parques e quem visita um deles acaba visitando o outro sem nem perceber. É no Cândido Portinari, inclusive, que está localizada a maior roda-gigante da América Latina com seus 91 metros de altura e 80 metros de diâmetro, inaugurada em 2022.

But it wasn't always that way! Before it was transformed into a park, this little piece of São Paulo was very different. In its western portion, there was a garbage dump that belonged to Ceagesp. In the eastern part, materials dredged from the Pinheiros River were dumped, while the central portion served as a construction rubble deposit.

A curiosity is that Villa-Lobos Park is fully interconnected to Cândido Portinari Park. There are no walls between the parks and those who visit one of them end up visiting the other without even realizing it. The largest Ferris wheel in Latin America is located in Cândido Portinari, with its 91 meters high and 80 meters in diameter, inaugurated in 2022.

RESPIRA SÃO PAULO

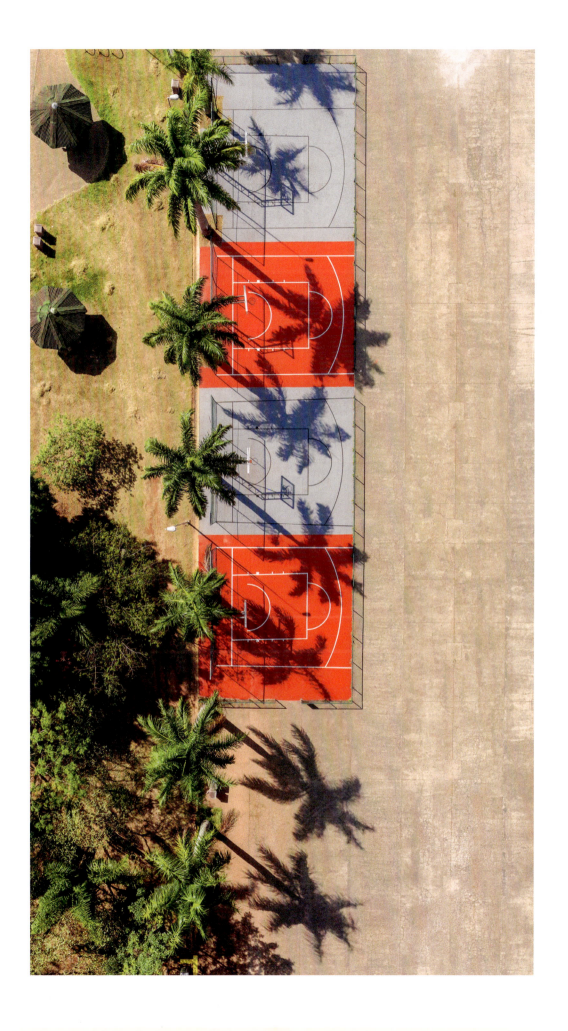

PARQUE

BURLE MARX

BURLE MARX PARK

ANO DE FUNDAÇÃO / *YEAR OF FOUNDATION* **1995**
ÁREA / *AREA* **138.300 M²**
ENDEREÇO / *ADDRESS*
**AV. DONA HELENA PEREIRA DE MORAES, 200
VILA ANDRADE**

HISTÓRIA DO PARQUE Burle Marx, considerado um dos mais belos de São Paulo, começa na década de 1940, quando o empresário franco-brasileiro Francesco Matarazzo Pignatari, mais conhecido como Baby Pignatari, decide adquirir uma chácara urbana considerada uma das poucas áreas remanescentes de vegetação nativa da Mata Atlântica da cidade. Seu intuito era construir uma residência para si e sua esposa na época, Nelita Alves Lima.

Milionário, Baby estava disposto a transformar a propriedade em um local único. Para isso, contratou os célebres Roberto Burle Marx para projetar o jardim e Oscar Niemeyer para assinar o projeto da casa. O plano inicial, contudo, foi interrompido. Baby acaba se separando de Nelita e interrompe as obras, que ficam paradas até meados de 1990, quando então a área começa a se transformar em um parque público gerido pela Fundação Aron Birmann.

A partir daí, o Parque Burle Marx, como conhecemos hoje, começa, de fato, a ganhar sua identidade, já que o próprio paisagista executou um plano de restauração prevendo a requalificação do jardim lateral que já havia sido construído e estava abandonado.

THE STORY OF Burle Marx Park, considered one of the most beautiful in São Paulo, begins in the 1940s when the Franco-Brazilian businessman Francesco Matarazzo Pignatari, better known as Baby Pignatari, decided to acquire an urban estate considered one of the few remaining areas with native vegetation from the Atlantic Forest in the city. His intention was to build a residence for himself and his wife at the time, Nelita Alves Lima.

A millionaire, Baby was willing to turn the property into a unique location. For this purpose, he enlisted the renowned Roberto Burle Marx to design the garden and Oscar Niemeyer to oversee the house's architectural project. The initial plan, however, was interrupted. Baby separated from Nelita and halted the construction, leaving the project dormant until the mid-90s when the area began its transformation into a public park managed by the Aron Birmann Foundation.

From that point on, the Burle Marx Park, as we know it today, truly began to shape its identity, as the landscape architect himself executed a restoration plan envisioning the redevelopment of the side garden, which had already been constructed but was left abandoned.

RESPIRA SÃO PAULO

Um dos grandes destaques do parque é exatamente a área do Jardim Burle Marx, que reúne dois painéis de concreto esculpidos em de alto e baixo relevo, espelhos d'água, jardins e palmeiras imperiais. Mas os atrativos do local vão muito além: o parque oferece pistas de caminhada, gramado central para atividades esportivas, opções de trilhas em meio à mata fechada, bosque de jabuticabeiras e diversidade de fauna e flora. Além disso, o parque abriga uma edificação histórica: a Casa de Taipa e Pilão. Datada do século XIX, foi construída por meio de um processo milenar trazido pelos portugueses durante a colonização do Brasil.

One of the main highlights of the park is precisely the Burle Marx Garden area, which features two concrete panels sculpted in high and low relief, water mirrors, gardens, and imperial palm trees. But the attractions of the place go far beyond: the park offers walking trails, a central lawn for sports activities, options for trails through dense forest, a grove of jaboticaba trees, and a diverse range of fauna and flora. In addition, the park houses a historic building: the House of Taipa and Pilão. Dating back to the 19th century, it was constructed through an ancient process brought by the Portuguese during the colonization of Brazil.

RESPIRA SÃO PAULO

PARQUE

ALFREDO VOLPI

ALFREDO VOLPI PARK

ANO DE FUNDAÇÃO / *YEAR OF FOUNDATION* 1971
ÁREA / *AREA* 142.400 M²
ENDEREÇO / *ADDRESS*
RUA ENGENHEIRO OSCAR AMERICANO, 480
MORUMBI

QUEM PASSEIA em meio às árvores do Parque Alfredo Volpi costuma ter a sensação de que está em uma floresta, e não na cidade de São Paulo. Isso porque uma de suas principais características é a mata fechada, que propicia a seus visitantes corridas e caminhadas em trilhas rústicas e a visualização de lagos e nascentes.

A rica e variada flora do parque intensifica essa sensação. A vegetação é composta de espécies remanescentes da Mata Atlântica como açoita-cavalo, bambu-chinês, cambuci, figueira-branca, jerivá, jequitibá, laranjeira-do-mato, embaúba-vermelha e prateada, palmito-jussara, palmeira-de-leque-da-china, passuaré, pau-jacaré, cedro, copaíba e jatobá.

O Parque Alfredo Volpi foi criado no local onde antes funcionava a Fazenda Morumby, que pertencia a John Rudge, um inglês que se dedicava ao plantio de chá. Seu nome atual faz homenagem ao pintor popularmente conhecido como o

THOSE WHO STROLL through the trees of Alfredo Volpi Park usually have the sensation that they are in a forest, and not in the city of São Paulo. This is because one of its main characteristics is the closed forest, which provides its visitors with runs and walks on rustic trails and the visualization of lakes and springs.

The rich and varied flora of the park intensifies this feeling. The vegetation is composed of remaining species of the Atlantic Forest such as açoita-cavalo, tortoise-shell bamboo, cambuci, Ficus crassiuscula, queen palm, jequitibá, laranjeira-do-mato, red and silver Cecropia, jussara palm, Chinese fan palm, passuaré, pau-jacaré, cedar, diesel tree and courbaril.

Alfredo Volpi Park was created on the site where the Morumby Farm operated, which belonged to John Rudge, an Englishman who was dedicated to tea planting. Its current name pays homage to the painter popularly known as the

RESPIRA SÃO PAULO

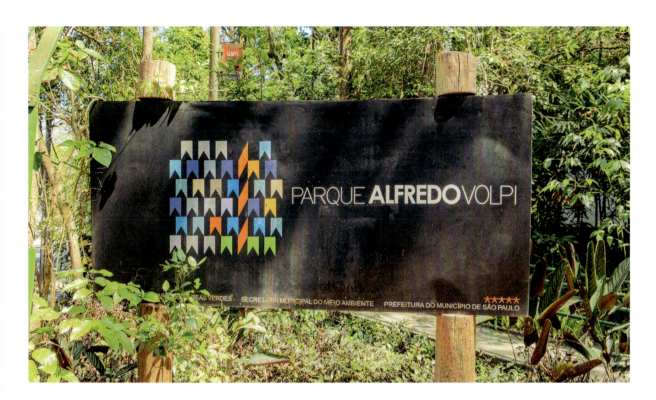

"pintor das bandeirinhas", artista brasileiro considerado um dos mais importantes da segunda geração do Modernismo.

Entre as principais atrações do parque destacam-se o grande lago habitado por diversas espécies de aves e peixes, as áreas de piquenique e os espaços para contemplação. O uso de bicicletas, skates e patins não é permitido por lá, o que deixa o clima mais tranquilo e propício para aproveitar a natureza.

Seja para um passeio tranquilo ou para apreciar a diversidade natural, o Parque Alfredo Volpi é um refúgio de beleza em meio ao agito da metrópole, um tesouro que merece ser explorado e apreciado por todos aqueles que moram e visitam a capital paulista.

"painter of the little flags", a Brazilian artist considered one of the most important of the second generation of Modernism.

Among the main attractions of the park are the large lake inhabited by several species of birds and fish, the picnic areas and the spaces for contemplation. The use of bicycles, skateboards and roller skates is not allowed there, which makes the climate more peaceful and conducive to enjoying nature.

Whether for a quiet stroll or to enjoy the natural diversity, Alfredo Volpi Park is a refuge of beauty amidst the hustle of the metropolis, a treasure that deserves to be explored and appreciated by all those who live and visit the capital of São Paulo.

PARQUE

DO CARMO

CARMO PARK

ANO DE FUNDAÇÃO / *YEAR OF FOUNDATION* **1976**
ÁREA / *AREA* **1.500.000 M²**
ENDEREÇO / *ADDRESS*
AV. AFONSO DE SAMPAIO E SOUSA, 951
ITAQUERA

ONSIDERADO UM DOS MAIS importantes parques da cidade de São Paulo, o Parque do Carmo, como é conhecido o Parque Olavo Egydio Setúbal, tem inúmeros encantos e riquezas botânicas, mas uma espécie de sua flora se sobrepõe em relação às demais: as cerejeiras.

Ano a ano, com a proximidade da primavera, essas árvores – consideradas símbolos do Japão – desabrocham em um espetáculo de cores deslumbrante, cobrindo o local com um manto de flores cor-de-rosa que costuma atrair tanto moradores da região quanto turistas vindos de longe. Para celebrar essa floração, desde 1978, no mês de agosto, o parque promove a tradicional Festa da Cerejeira, inciativa que celebra a cultura oriental com uma série de atividades. Curiosidade: esse é segundo maior bosque de cerejeiras do mundo fora do Japão.

Seja na floração das cerejeiras ou não, visitar o Parque do Carmo é sempre uma boa ideia. Afinal, estamos falando do segundo maior parque urbano de São Paulo – atrás apenas do Parque Estadual da Cantareira.

ONSIDERED ONE OF THE MOST important parks in the city of São Paulo, Carmo Park, also known as Olavo Egydio Setúbal Park, boasts numerous charms and botanical riches, but one species within its flora stands out above the others: the cherry blossoms.

Year after year, as spring approaches, these trees – considered symbols of Japan – bloom in a dazzling display of colors, covering the area with a mantle of pink flowers that typically attract both local residents and tourists from afar. To celebrate this blossoming, since 1978, in the month of August, the park hosts the traditional Cherry Blossom Festival, an initiative that honors oriental culture with a series of activities. Fun fact: this is the second largest cherry grove in the world outside Japan.

Whether during the cherry blossoms' flowering season or not, visiting Parque do Carmo is always a great idea. After all, we are talking about the second largest urban park in São Paulo – behind only the Cantareira State Park.

Located in the former estate of businessman Oscar Americano de Caldas Filho, Carmo

RESPIRA SÃO PAULO

Localizado na área da antiga fazenda do empresário Oscar Americano de Caldas Filho, o Parque do Carmo mantém da propriedade original a sede, em arquitetura colonial, um conjunto de lagos e toda a área ajardinada. Por lá, o clima de fazenda permanece, facilitando a conexão dos visitantes com a natureza e convidando-os a desbravar a diversidade de flora e fauna.

Ciclovia, pista de cooper, aparelhos de ginástica, campos de futebol, playgrounds, espaço para piquenique, churrasqueiras, quiosques são alguns dos equipamentos que podem ser utilizados pelos frequentadores. O Monumento à Imigração Japonesa, o Viveiro Arthur Etzel e o Bosque da Leitura são outros atrativos que merecem ser lembrados.

Park preserves from the original property the colonial-style headquarters, a set of lakes, and the entire landscaped area. There, the farm-like ambiance remains, making it easier for visitors to connect with nature and inviting them to explore the diversity of flora and fauna.

Bike paths, running tracks, gym equipment, soccer fields, playgrounds, picnic areas, barbecue spots, and kiosks are among the facilities available for park visitors to use. The Japanese Immigration Monument, the Arthur Etzel Nursery and the Reading Grove are other attractions that deserve to be remembered.

RESPIRA SÃO PAULO
87

PARQUE

AUGUSTA

AUGUSTA PARK

ANO DE FUNDAÇÃO / *YEAR OF FOUNDATION* **2021**
ÁREA / *AREA* **23.000 M²**
ENDEREÇO / *ADDRESS* **RUA AUGUSTA, 344 /
RUA CAIO PRADO, 230-232
CONSOLAÇÃO**

EM UMA ÁREA URBANA com popula-ção estimada em 16 mil habitantes por quilômetro quadrado, o Parque Augusta - Prefeito Bruno Covas se tornou uma alternativa ímpar para quem busca um local arborizado no coração do Centro de São Paulo.

A existência do parque merece ser muito cele-brada, já que seu projeto só saiu do papel graças à mobilização de ativistas e moradores da região para preservar a área. Durante décadas, houve um imbróglio que discutia se o terreno deveria se tornar – ou não – um parque público. Nos úl-timos anos, inclusive, havia a possibilidade de as empresas proprietárias do terreno construírem ali empreendimentos imobiliários. O final, como já sabemos, foi positivo para todos que torciam pela existência do Parque Augusta! Conseguiu-se chegar a um acordo e a capital paulista ganhou mais uma área verde aberta ao público.

Engana-se quem pensa que os frequentadores do local o utilizam apenas para caminhadas ou

IN AN URBAN AREA with an estimated population of 16,000 inhabitants per square kilometer, Augusta Park - Pre-feito Bruno Covas has become a unique alternative for those looking for a wooded place in the heart of downtown São Paulo.

The existence of the park deserves to be greatly celebrated, as its project only got off the ground thanks to the mobilization of activists and residents of the region to preserve the area. For decades, there was an imbroglio that debated whether or not the land should become a public park. In re-cent years, there was even the possibility for the companies that own the land to build real estate projects there. The end, as we already know, was positive for everyone who rooted for the existence of Augusta Park! An agreement was reached and the capital of São Paulo gained another green area open to the public.

Those who think that the regulars of the place use it only for walks or to contemplate nature are mistaken. Those who go to Augusta Park also

RESPIRA SÃO PAULO

para contemplar a natureza. Quem vai ao Parque Augusta também costuma usar seu gramado para tomar sol de sunga e biquíni. Por isso o lugar ganhou a fama de ser a "praia" do paulistano.

Por lá é possível encontrar espécies arbóreas nativas e predominantemente exóticas como aglaia, falsa-seringueira e jacarandá-mimoso; frutíferas como abacateiro, mangueira, nespereira e uva-japonesa; e palmeiras como areca-bambu, palmeira-de-leque-da-china e palmeira-washingtônia.

Sobre a infraestrutura do Parque Augusta, ela é composta de caminhos para passeios, playground inclusivo, cachorródromo, equipamentos de ginástica, academia para terceira idade, arquibancada e deck elevado.

O local também abriga duas construções tombadas pelo Instituto do Patrimônio Histórico e Artístico Nacional (Iphan) que foram restauradas durante as obras de instalação do parque: o arco de entrada do antigo Colégio Des Oiseaux e a Casa das Araras – espécie de edícula que hoje funciona como um centro de exposições.

usually use its lawn to sunbathe in trunks and bikini. That's why the place gained the reputation of being the "beach" of São Paulo residents.

There, it is possible to find native and predominantly exotic tree species such as aglaia, rubber fig and blue jacaranda; fruit trees such as avocado tree, mango tree, loquat and Japanese raisin tree; and palm trees such as golden cane palm, Chinese fan palm and Mexican fan palm.

Regarding the infrastructure of Augusta Park, it is composed of paths for walks, an inclusive playground, a dog track, gym equipment, a gym for the elderly, a bleachers and an elevated grandstand.

The site also houses two buildings listed by the National Historical and Artistic Heritage Institute (Iphan) that were restored during the park's installation works: the entrance arch of the former Colégio Des Oiseaux and Casa das Araras – a kind of building that today functions as an exhibition center.

RESPIRA SÃO PAULO

RESPIRA SÃO PAULO

RESPIRA SÃO PAULO

RESPIRA SÃO PAULO

PARQUE

HORTO FLORESTAL

ANO DE FUNDAÇÃO / *YEAR OF FOUNDATION* 1896
ÁREA / *AREA* 1.840.000 M²
ENDEREÇO / *ADDRESS* RUA DO HORTO, 931 / HORTO FLORESTAL

O HORTO FLORESTAL é muito mais do que um simples parque – é uma área de conservação ambiental que abriga uma diversidade impressionante de flora e fauna. Com uma estrutura de lazer constituída por áreas para piqueniques, playgrounds, quadras esportivas e muitas trilhas para caminhadas, é considerado uma das áreas verdes mais interessantes da capital paulista.

A possibilidade de observar animais no seu habitat natural é um dos atrativos que tornam esse parque tão especial. Espécies como macaco-prego, tucano, gambá, socó, garça, tico-tico, pica-pau, serelepe e martim-pescador são encontrados facilmente andando – ou voando – por lá, para deleite dos frequentadores. Os fãs de botânica também são agraciados com diferentes tipos de árvores que valem ser admiradas, entre as quais o eucalipto, o pinheiro-do-brejo, o pau-brasil, o carvalho-nacional, o pau-ferro e o jatobá.

Outras atrações que merecem a atenção dos visitantes é o Museu Florestal Octávio Vecchi, que possui o maior acervo de madeiras da América Latina, e o Palácio do Horto Florestal, edificação que mistura o estilo neocolonial e o das casas de campo inglesas e que se transformou em residência de verão do governador do Estado de São Paulo.

*H*ORTO FLORESTAL *is much more than a simple park – it is an environmental conservation area that is home to an impressive diversity of flora and fauna. With a leisure structure consisting of picnic areas, playgrounds, sports courts and many walking trails, it is considered one of the most interesting green areas in the capital city of São Paulo.*

The possibility of observing animals in their natural habitat is one of the attractions that make this park so special. Species such as capuchin monkeys, toucans, opossums, herons, woodpeckers, serelepe and kingfishers are easily found walking – or flying – there, to the delight of visitors. Botany fans are also greeted with different types of trees that are worth admiring, including eucalyptus, pinheiro-do-brejo, pau-brasil, carvalho-nacional, pau-ferro and Jatobá.

Other attractions that deserve the attention of visitors are the Museu Florestal Octávio Vecchi, which has the largest collection of wood in Latin America, and the Palácio do Horto Florestal, a building that mixes the neocolonial style and that of English country houses, which has become the summer residence of the governor of the State of São Paulo.

RESPIRA SÃO PAULO

A história do Horto Florestal tem início em 1896, com a desapropriação do Engenho Pedra Branca. A princípio foi fundado em sua área o Horto Botânico, porém, com o passar do tempo, essa nomenclatura foi mudando: em 1909 passou a ser denominado Horto Botânico e Florestal e, em 1911, com a criação do Serviço Florestal do Estado, ganhou o nome de Horto Florestal. Naquela época, seu principal objetivo era a produção de florestas de rápido crescimento para recuperação da cobertura florestal do estado que, por conta da agricultura, já tinha suas florestas nativas bem devastadas. Em 1993, outra mudança: o local passa a se chamar oficialmente Parque Estadual Alberto Löfgren, embora continue sendo mais conhecido como Horto Florestal.

The history of Horto Florestal begins in 1896, with the expropriation of Engenho Pedra Branca. *Initially, the Botanical Garden was founded in its area, however, over time, this nomenclature changed: in 1909 it became known as the* Horto Botânico e Florestal *and, in 1911, with the creation of the* Serviço Florestal do Estado (State Forestry Service), *it earned the name Horto Florestal. At that time, its main purpose was the production of fast-growing forests to recover the state's forest cover, which, due to agriculture, already had its native forests devastated. In 1993, another change: it was officially called* Parque Estadual Alberto Löfgren, *although it continues to be better known as Horto Florestal.*

RESPIRA SÃO PAULO

PARQUE DA

ÁGUA BRANCA

WHITE WATER PARK

ANO DE FUNDAÇÃO / *YEAR OF FOUNDATION* **1929**
ÁREA / *AREA* **137.000 M²**
ENDEREÇO / *ADDRESS* **AV. FRANCISCO MATARAZZO, 455
ÁGUA BRANCA**

DIFERENTES ESPÉCIES de plantas e animais convivem com as instalações do Parque da Água Branca e seus frequentadores. Por lá, centenas de árvores típicas da Mata Atlântica, como o pau-brasil, pau-viola, cedro, grumixama e canela--cheirosa, remontam a uma São Paulo bucólica, enquanto aves como galinhas, patos, gansos e pavões emprestam ao local um ar de fazendinha.

A presença dessas aves tem explicação! O parque, cujo nome oficial é Parque Doutor Fernando Costa, surgiu como um espaço para feira e exposições de atividades agrícolas. Uma curiosidade: a área que hoje é conhecida como pergolado, antes era chamada de Palácio das Aves.

E por falar em edificações, os diversos prédios e pavilhões históricos projetados com inspiração na arquitetura típica da região da Normandia, na França, é outra característica marcante do Parque da Água Branca. Vitrais no estilo *art déco*, criados por Antônio Gonçalves Gomide, também são encontrados por lá, inclusive no portal da

DIFFERENT SPECIES *of plants and animals coexist with the facilities of Parque da Água Branca and its visitors. There, hundreds of trees typical of the Atlantic Forest, such as pau-brasil, pau-viola, cedar, grumixama and canela-cheirosa, date back to a bucolic São Paulo, while birds such as chickens, ducks, geese and peacocks lend the place a farmhouse air.*

The presence of those birds has an explanation! The park, whose official name is Parque Doutor Fernando Costa, *emerged as a space for fairs and exhibitions of agricultural activities. A curiosity: the area that is now known as the* pergolado, *was previously called* Palácio das Aves *(Birds' Palace).*

And speaking of buildings, the various historic buildings and pavilions designed with inspiration from the typical architecture of the Normandy region, in France, is another striking feature of the park. Stained glass windows in the art deco style, created by Antônio Gonçalves Gomide, are also found there, including on the main entrance

entrada principal. Uma vez no parque, não deixe de caminhar por seus passeios pavimentados para perceber tais relíquias.

Dentre outros atrativos do parque que valem a menção estão a Trilha do Pau-Brasil, a Casa de Caboclo – uma réplica de residências da zona rural –, o Relógio do Sol, o Aquário, os lagos de peixes, a Praça do Idoso – que possui equipamentos de ginástica –, o Espaço Piquenique e o Espaço de Leitura. O local ainda recebe regularmente uma feira livre de produtos orgânicos às terças, sábados e domingos. Dica: caso queira conferir essa atração, cheque o horário de funcionamento e a programação antes de ir!

portal. Once in the park, be sure to walk along its paved paths to see these relics.

Among other attractions of the park that are worth mentioning are Trilha do Pau-Brasil, Casa de Caboclo – *a replica of rural residences* –, Relógio do Sol (*Sun Clock*), Aquário (*Aquarium*), *the fish lakes*, Praça do Idoso (*Elders' Square*) – *fitted with gym equipment* – Espaço Piquenique (*Picnic Space*) and Espaço Leitura (*Reading Space*). *The place also regularly hosts an organic product market on Tuesdays, Saturdays and Sundays. Tip: if you want to check out this attraction, check the opening hours and schedule before paying a visit!*

RESPIRA SÃO PAULO

PARQUE

JARDIM BOTÂNICO

BOTANICAL GARDEN

ANO DE FUNDAÇÃO / *YEAR OF FOUNDATION* **1928**
ÁREA / *AREA* **360.000 M²**
ENDEREÇO / *ADDRESS* **AV. MIGUEL ESTEFNO, 3031
VILA ÁGUA FUNDA**

PESAR DE O Jardim Botânico de São Paulo não ser tão famoso quanto outros do nosso país – como o do Rio de Janeiro e o de Curitiba –, ele costuma surpreender e encantar todos que decidem conhecê-lo. Mantido pelo Instituto de Botânica do Estado de São Paulo, o local faz parte do Parque Estadual das Fontes do Ipiranga, uma área protegida considerada um refúgio biológico por abrigar espécies raras e em extinção de flora e fauna da Mata Atlântica.

Visitar o Jardim Botânico paulista é um convite à contemplação da natureza! Um dos ápices da experiência é observar o Lago das Ninfeias, formado a partir do represamento de nascentes contribuintes do Riacho do Ipiranga. O lago tem este nome por ser o lar de lindas plantas como as ninfeias amarelas, azul e rosa, que dividem espaço com borboletas, libélulas, frangos d'água, tartarugas. Basta ficar alguns minutos por lá para encontrar esses animais às margens do lago!

LTHOUGH THE São Paulo Botanical Garden is not as famous as others in our country – such as Rio de Janeiro and Curitiba –, it tends to surprise and delight everyone who decides to visit it. Maintained by the Instituto de Botânica do Estado de São Paulo, *the site is part of the* Parque Estadual das Fontes do Ipiranga, *a protected area considered a biological refuge sheltering rare and endangered animal and plant species of the Atlantic Forest.*

Visiting the São Paulo Botanical Garden is an invitation to contemplate nature! One of the highlights of the experience is observing lake "Lago das Ninfeias", formed from the damming of springs from Riacho do Ipiranga. The lake got its name because it is home to beautiful plants such as yellow, blue and pink water lilies, which share space with butterflies, dragonflies, moorhens and turtles. Just stay there for a few minutes to find these animals on the banks of the lake!

RESPIRA SÃO PAULO

Outra atração que se destaca é a Trilha da Nascente, que integra o Jardim Botânico ao remanescente de floresta do Parque Estadual das Fontes do Ipiranga. Assim, é possível percorrer um caminho construído com madeira de reflorestamento e fazer pausas para observação e contemplação da mata nativa.

A história do Jardim Botânico de São Paulo começa a ser desenhada em 1917, quando sua área passa a ser propriedade do governo. A partir de então, serviu para captação de águas que abasteciam o bairro do Ipiranga até 1928, ano em que o naturalista brasileiro Frederico Carlos Hoehne é convidado a implantar um jardim botânico no local. De lá pra cá, mais de cem anos se passaram e o Jardim Botânico continua sendo, sem exagero algum, uma das áreas verdes mais belas da capital paulista!

Another attraction that stands out is the Trilha da Nascente, *which integrates the Botanical Garden with the forest remnants of the* Parque Estadual das Fontes do Ipiranga. *Thus, it is possible to walk along a path built with reforestation wood and take breaks to glance and contemplate the native forest.*

The history of the São Paulo Botanical Garden begins in 1917, when its area becomes government property. From then on, it was used to capture water that supplied the Ipiranga neighborhood until 1928, the year in which Brazilian naturalist Frederico Carlos Hoehne was invited to establish a botanical garden there. Since then, more than a hundred years have passed and the Botanical Garden continues to be, without any exaggeration, one of the most beautiful green areas in the capital city of São Paulo!

PARQUE

IBIRAPUERA

IBIRAPUERA PARK

ANO DE FUNDAÇÃO / *YEAR OF FOUNDATION* 1954
ÁREA / *AREA* 1.584.000 M²
ENDEREÇO / *ADDRESS*
AV. PEDRO ÁLVARES CABRAL, S/N
VILA MARIANA

UM PARQUE ONDE A NATUREZA E a cultura se entrelaçam em meio a alamedas com árvores majestosas, belos lagos e um conjunto de edifícios icônicos assinados por ninguém menos que Oscar Niemeyer. O Ibirapuera – ou Ibira, como costuma ser carinhosamente chamado pelos paulistanos – é o parque mais famoso de São Paulo e o mais visitado da América Latina.

Não é para menos. Atrativos não faltam no Ibirapuera e seus visitantes costumam aproveitá-los das mais diferentes formas. Há quem goste de praticar esportes – correr, andar de bicicleta ou patins, arriscar manobras no skate – ou praticar ioga. Há também aqueles que adoram contemplar a natureza, ler um bom livro ou fazer um piquenique e os que buscam aproveitar a rica programação cultural de seus espaços ou simplesmente admirar a arquitetura modernista de Niemeyer.

E por falar em Modernismo, a marquise de concreto projetada pelo arquiteto para unir o conjunto de edifícios culturais do parque merece atenção

A PARK WHERE NATURE AND culture intertwine amidst boulevards with majestic trees, beautiful lakes and a set of iconic buildings designed by none other than Oscar Niemeyer. Ibirapuera – or Ibira, as it is affectionately called by São Paulo residents – is the most famous park in São Paulo and the most visited in Latin America.

And it's no surprise. There is no shortage of attractions in Ibirapuera and its visitors tend to take advantage of them in many different ways. There are those who like to play sports – jogging, cycling or rollerblading, trying tricks on a skateboard – or even practicing yoga. There are also those who love to contemplate nature, read a good book or have a picnic and those who seek to enjoy the rich cultural program of its areas or simply admire Niemeyer's modernist architecture.

And speaking of Modernism, the concrete marquee designed by the architect to unite the group of cultural buildings in the park deserves special attention from those who walk through it.

RESPIRA SÃO PAULO

especial de quem a percorre. Ela cobre 27 mil m² e conecta o Museu de Arte Moderna (MAM), o Pavilhão Lucas Nogueira Garcez, popularmente conhecido como Oca, a Fundação Bienal, o Auditório Ibirapuera, o Pavilhão das Culturas e o Museu Afro Brasil. Curiosidade: essa última construção foi sede da Prefeitura de São Paulo por três décadas, até 1991.

O Parque Ibirapuera foi criado como parte das comemorações do quarto centenário da cidade de São Paulo, e seu nome vem do tupi-guarani. Na língua indígena, o termo é utilizado para descrever árvores velhas e podres, o que era muito comum na região onde foi constituído o parque devido ao terreno que constantemente era alagado.

It covers 27,000 m² and connects the Museu de Arte Moderna (MAM), the Pavilhão Lucas Nogueira Garcez, popularly known as Oca, the Fundação Bienal, the Auditório Ibirapuera, the Pavilhão das Culturas and the Museu Afro Brasil. Fun fact: this last building was the headquarters of São Paulo City Hall for three decades, until 1991.

Parque Ibirapuera was created as part of the celebrations of the fourth centenary of the City of São Paulo, and its name comes from Tupi-Guarani. According to the indigenous language, the term is used to describe old and rotten trees, which was very common in the region where the park was created due to the land that was constantly flooded.

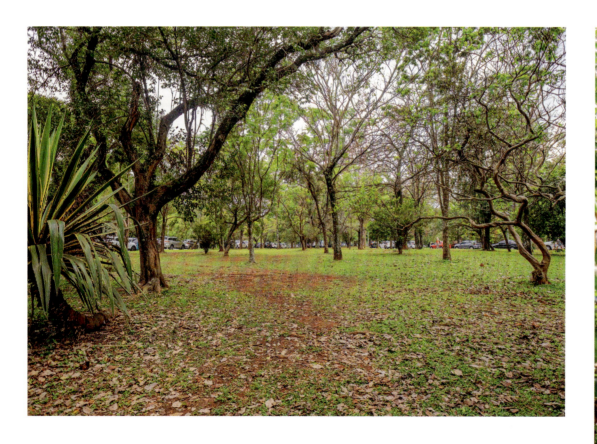

RESPIRA SÃO PAULO

COORDENAÇÃO EDITORIAL
EDITORIAL CORDINATION
Arte Ensaio Editora

TEXTO
TEXT
Camila de Barros Santana

FOTOGRAFIAS
PHOTOGRAPHS
André Albuquerque
Marina Sapienza
Parque Trianon - Gustavo Malheiros
p. 74, 76 e 77 - Unsplash - Odinei Ramone
p. 14 - Wikimedia - Gabriel Resende Veiga

REVISÃO DE TEXTO
COPY DESK AND PROOFREADING
Lucia Seixas

PROJETO GRÁFICO
GRAPHIC DESIGN
Fernanda Mello

TRATAMENTO DE IMAGENS
IMAGE MANIPULATION
Fernando Souza

VERSÃO PARA O INGLÊS
ENGLISH TRANSLATION
MV Translations

IMPRESSÃO E ACABAMENTO
PRINT AND BINDING
Ipsis Gráfica e Editora

DADOS INTERNACIONAIS DE CATALOGAÇÃO NA PUBLICAÇÃO (CIP)
(EDOC BRASIL, BELO HORIZONTE/MG)

Santana, Camila de Barros..

S232r   Respira São Paulo / Camila de Barros Santana. – Rio de Janeiro, RJ: Arte Ensaio, 2023.
176 p. : 22 x 28 cm

Edição bilíngue
ISBN 978-65-87141-25-1
1. São Paulo – Fotografias. I. Título.

CDD 779.9

Elaborado por Maurício Amormino Júnior – CRB6/2422